Anna Taube

Der allerbeste Schulausflug

Illustriert von Florentine Prechtel

www.leseloewen.de

FSC
www.fsc.org
MIX
Papier aus ver-
antwortungsvollen
Quellen
FSC® C109273

ISBN 978-3-7432-0632-8
1. Auflage 2020
© 2020 Loewe Verlag GmbH, Bindlach
Umschlag- und Innenillustrationen: Florentine Prechtel
Umschlaggestaltung: Michael Dietrich
Vignetten Leselöwe: Angelika Stubner
Printed in the EU

www.loewe-verlag.de

INHALT

Ausflug mit Aufgabe

Lea freut sich:

Heute ist Wandertag!

Die **Klasse** läuft

durch den Wald.

Aber es ist anstrengend.

Der Weg führt steil bergauf!

Frau Nick geht schnell voran.

Herr Kuhl stolpert hinterher.

Lea grinst. Herr Kuhl ist nett,
aber etwas **planlos**.

„Wann sind wir da?", jault Max.

„Gleich." Herr Kuhl schnauft.

Endlich, da ist die **Ruine**!

„Juhu! Pause!", ruft Mara.

„Für den Rückweg gibt es

eine Aufgabe", sagt Frau Nick.

Max stöhnt. „Echt jetzt?"
Herr Kuhl nickt und sagt:
„Zwei Gruppen. Jede findet
und bestimmt drei Blätter."

Die erste Gruppe läuft
mit Frau Nick los.
Herr Kuhl führt Leas Gruppe.
Treffpunkt ist in zwei Stunden.

Die Blätter finden sie schnell.

„Ahorn, Eiche, Ulme", sagt Amir.

„Pipifax!", ruft Mara.

Aber Herr Kuhl strahlt stolz.

„Dann nichts wie zurück
zur Schule!", sagt er.
Er schaut auf eine Karte.
„Da geht es lang!"

Der Weg führt bergab
bis zur Kreuzung mit Wegweiser.
„Rechts geht es zur Schule",
sagt Lea. Sie ist sich sicher.

Herr Kuhl blickt in seine Karte.

Er schüttelt den Kopf und sagt:

„Der blaue Weg geht links ab."

Komisch, Lea kennt den Weg
überhaupt nicht mehr.
Bald müssten sie das Feld
und die alte Eiche erreichen.

18

Aber um sie herum ist nur Wald.

Wald, Wald und noch mal Wald.

Wo sind sie?

Die Ziege im Baum

„Das verstehe ich nicht",
sagt Herr Kuhl verzweifelt.
Er schaut wieder in die Karte.
Dann stöhnt er. „Oje."

Verlegen dreht er die Karte um.

„Verkehrt herum, ich Schussel."

„Nicht im Ernst", stöhnt Max.

Da hören sie ein Meckern!

mä - ää - mäh - mäh - mä

Es klingt ängstlich.

Und klein.

„Da ist ein Zicklein in Not!",
ruft Lea.

22

ä-ä-mä.....

Sie suchen das Zicklein.

Was macht es hier im Wald?

Mara deutet in den Baum.

„Da ist es!"

„Das hat sich bestimmt
auch verlaufen", sagt Amir.
„Es traut sich nicht runter!"
„Wir retten es!", ruft Herr Kuhl.

Er hilft Lea hoch in den Baum.

Die kleine **Ziege** zittert.

„Keine Angst", wispert Lea.

Lea schubst es ein bisschen.

Da springt das Zicklein

Herrn Kuhl auf den Kopf

und dann auf den Boden.

Max und Amir halten es fest.

Herr Kuhl reibt sich den Kopf.

„Au", sagt er und grinst.

In der Ferne hören sie
das Bimmeln von Glocken.
Lea strahlt. „Die Ziegenherde!"
Mit dem Zicklein laufen sie los.

Da! Ein Gehege voller Ziegen!

„Der Ziegenstall sieht aus
wie ein Hexenhaus", flüstert Mara.

„Hu, eine Hexe kommt heraus!"

Limo im Schloss

Lea lacht. „Nein, keine Hexe!"
Sondern eine nette alte Dame.
„Hetti, du kleiner Ausreißer!",
ruft sie dem Zicklein zu.

Sie öffnet das Gatter.

Hetti hüpft zu seiner Mama.

Herr Kuhl und die Kinder

lächeln glücklich.

Die Dame zeigt

auf ein kleines, altes Schloss.

„Kommt, ich lade euch

in mein Garten-Café ein!"

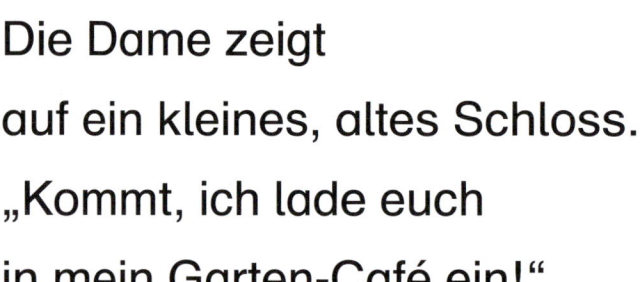

„Sind Sie eine Königin?",
fragt Mara verblüfft.
Die Dame lacht.
„Nein. Sagt Tea zu mir."

Im Garten trinken sie
selbst gemachte **Kräuterlimo**.
„Die Kräuter pflücke ich
hier im Wald", sagt Tea.

„Da haben wir uns verirrt",
sagt Herr Kuhl geknickt.
„Wie kommen wir jetzt
zurück zur Schule?", fragt Lea.

„Nehmt den Bus um 16 Uhr",
sagt Tea. „In zehn Minuten!"
Die Schüler rufen: „Danke!",
und flitzen los.

Der Bus ist schon da!

Herr Kuhl winkt. „Stopp!"

Der Busfahrer wartet.

„Puh, geschafft!", stöhnt Max.

Nach zwölf Minuten steigen
alle an der Schule aus.
„Wir waren Erster!",
ruft die Gruppe von Frau Nick.

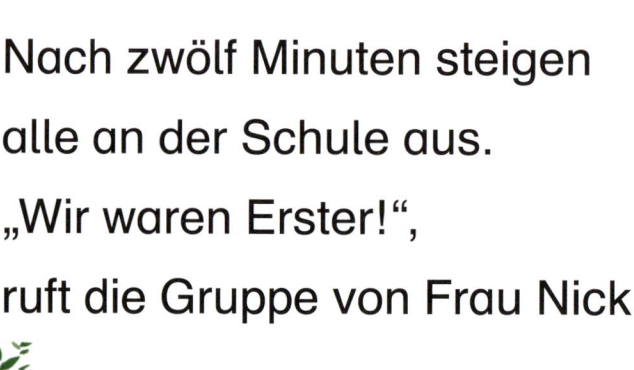

Das ist Lea und den anderen egal.

Sie haben ein Zicklein gerettet

und Teas Waldlimo getrunken.

Der **Ausflug** war echt cool!

1. **Lies genau in Spiegelschrift. Wie heißt der planlose Lehrer? Kreise ein.**

Cool Kuhl Kuul

Antwort: Kuhl

2. **Wo macht die Klasse eine Pause? Bringe die Buchstaben in die richtige Reihenfolge.**

EUNIR

Antwort: Ruine

40

3. Von welchen drei Bäumen finden die Kinder Blätter? Suche die Wörter im Buchstabengitter.

R	E	S	C	H	H
U	I	N	F	A	U
G	C	O	K	A	L
A	H	O	R	N	M
F	E	I	K	H	E

Antwort: Ahorn, Eiche, Ulme

4. Welche Farbe hat der Wanderweg, den Leas Gruppe nehmen muss? Kreise ein.

Antwort: blau

Klasse (Seite 8):

In einer Schulklasse sind 20 bis 30 Kinder, die zusammen Unterricht haben. Richtig toll ist es, wenn die Klasse mit ihrem Klassenlehrer einen Ausflug macht.

Planlos (Seite 10):

Planlos ist jemand, der keinen Plan hat, also unüberlegt etwas tut – zum Beispiel wandert, ohne die Karte genau zu lesen.

Ruine (Seite 11):

Eine Ruine ist ein verfallenes Gebäude. Der Name kommt vom lateinischen Wort „ruere", das bedeutet „stürzen".

Ziege (Seite 25):

Ziegen sind echte Kletterkünstler, weil sie aus den Bergen stammen. Dort springen und klettern sie an steilen Hängen. Nur der Abstieg fällt kleinen Zicklein manchmal noch schwer.

Kräuterlimo (Seite 34):

Kräuterlimonade kannst du selbst machen: Wasche Pfefferminze und Zitronenmelisse und rolle mit einem Nudelholz darüber. Gib sie in eine Flasche und dazu Apfelsaft und etwas Zitronensaft. Gieße alles durch ein Sieb in ein Glas und fülle mit Sprudelwasser auf – fertig!

Ausflug (Seite 39):

Das Wort Ausflug wurde zuerst für junge Vögel und Insekten benutzt, die das erste Mal umherfliegen.
Erst später verwendete man es auch für Wandertage und kleine Fahrten – auch wenn man dabei nicht fliegt.

Blättere schnell um und trage die blauen Buchstaben in der richtigen Reihenfolge in die Kästchen ein!

Anna Taube studierte Literatur an der Universität Hildesheim und arbeitet als freie Autorin und Übersetzerin. Sie wohnt mit ihrer Familie im idyllischen Bad Rodach in Oberfranken.

Florentine Prechtel wurde 1965 in Mönchengladbach geboren und malte schon als Kind für ihr Leben gern. Deshalb studierte sie später auch Malerei und Grafik-Design. Seit 1996 illustriert sie Kinderbücher und lebt heute mit ihrer Familie in Freiburg.

Das Leselöwen-Lösungswort

Besuche den Leselöwen auf
www.leseloewen.de und trage
die farbigen Buchstaben
von den Seiten *Schon gewusst?*
in der richtigen Reihenfolge
in die magische Box ein.

Wenn du das Lösungswort
gefunden hast, kommst du auf
die geheime Seite mit vielen
weiteren Spielen und Rätseln!

Der **Leselöwe** freut sich auf dich!

Jetzt online!